TRIBUNAL DE COMMERCE DE BAYONNE

LA QUESTION

DU

RACHAT DES CHEMINS DE FER

PAR

L'ÉTAT

(Séance du 8 Octobre 1880)

BAYONNE

IMPRIMERIE ET LITHOGRAPHIE A. LAMAIGNÈRE, RUE CHEGARAY, Nº 39

—

1880

LA QUESTION

DU

RACHAT DES CHEMINS DE FER

PAR

L'ÉTAT

(Séance du 8 Octobre 1880)

BAYONNE

IMPRIMERIE ET LITHOGRAPHIE A. LAMAIGNÈRE, RUE CHEGARAY, N° 39

—

1880

(Extrait du Procès-Verbal de la Séance du 8 Octobre 1880)

QUESTION

DU

RACHAT DES CHEMINS DE FER PAR L'ÉTAT

Le Tribunal de commerce de Bayonne, suivant l'exemple de plusieurs Tribunaux et Chambres de commerce, a cru devoir se joindre au courant d'opinion de plus en plus accentué qui se manifeste contre le rachat de nos grands réseaux par l'Etat.

Consulté par son Président pour donner son opinion sur l'opportunité d'adresser la lettre suivante à M. le Ministre des travaux publics, le Tribunal, réuni en séance extraordinaire, le 8 octobre 1880, après un avis favorable d'une Commission de trois membres, approuve cette lettre à l'unanimité et décide qu'elle sera envoyée à M. le Ministre des travaux publics, à M. le Ministre de l'agriculture et du commerce et à M. le Ministre des finances : ◆

Bayonne, le 8 octobre 1880.

A Monsieur le Ministre des travaux publics,
à Paris.

MONSIEUR LE MINISTRE,

Le rapport de la Commission parlementaire, chargée d'étudier le projet de loi sur le rachat d'une partie du réseau du chemin de fer d'Orléans pour l'incorporer dans le réseau des Charentes exploité par l'Etat, a causé dans toute la France la plus vive émotion.

Conclure au rachat d'une ligne entière, lorsque le Gouvernement proposait seulement d'en distraire une partie indispensable à l'exploitation normale du chemin de fer de l'Etat, a paru une menace pour tous les autres réseaux, un programme dont on se réservait de demander l'application un jour prochain. — De toutes parts, les plaintes ont alors éclaté. — Les villes maritimes, comme les villes industrielles, ont fait entendre des protestations ; Chambres de commerce, Tribunaux consulaires, Conseils généraux ont tenu à signaler au Gouvernement le danger qu'il allait encourir.

Appelés par notre profession à apprécier les besoins du commerce, par notre mandat de juges consulaires à connaître les difficultés incessantes qui surgissent entre les Compagnies et les particuliers, nous croyons, à ce double titre, qu'il nous appartient de nous unir à cette grande manifestation.

C'est ce que nous venons faire aujourd'hui, Monsieur le Ministre, en appelant votre bienveillante attention sur les considérations suivantes qui nous paraissent militer contre le projet de la Commission.

I

Restreindra-t-on les limites de notre compétence?
L'Etat transporteur relèvera-t-il des Tribunaux administratifs?

On peut se demander avec effroi où s'arrêtera l'omnipotence de l'Etat si, une fois le rachat opéré, les litiges soulevés par son exploitation étaient enlevés à la juridiction commerciale. Ne dirait-on pas alors, avec quelque apparence de raison, qu'il est juge et partie dans sa propre cause ; et, dans tous les cas, dans toutes les affaires où les voies de recours sont possibles, il se trouverait en face de juges qui lui devraient leurs nominations.

De plus, quelle sera la célérité donnée aux affaires les plus urgentes lorsque l'expéditeur ou le destinataire, venant réclamer contre les agents de transports, ira se perdre dans le réseau inextricable de l'Administration.

Si, déjà, des Compagnies ont su trouver dans leur intelligente direction, ou dans l'habile organisation de leur contentieux, une influence contre laquelle il est assez difficile de lutter; si, se retranchant dans leur puissance, on les voit souvent se jouer des simples particuliers; si, par des retards, par des atermoiements, par des lenteurs, frisant la légalité, elles détiennent des procès entre leurs mains, elles lassent, elles fatiguent, elles rebutent le plaideur qui se désiste parfois, voyant s'écouler le temps en pure perte et ses débours s'accroître, que fera l'Etat administrateur, commerçant, juge et partie?

Si l'on veut des exemples, que l'on jette un coup d'œil sur ce qui se passe en Allemagne, en Suède, en Belgique, etc. Un procès s'élève sur les réseaux administrés par l'Etat; on réclame une indemnité pour des frais de retard, un coulage, un colis brisé, des marchandises avariées pendant le transport, etc. L'Etat commence à exiger les frais de route, et l'affaire est ensuite portée devant les Tribunaux. Là, bruyante d'abord, elle se prolonge peu à peu et finit par disparaître. L'Etat est rentré dans ses débours et même au-delà; qu'importe alors! En hâtant l'issue du litige, il ne risque qu'une chose : perdre. Aussi le système des lenteurs lui sied à merveille. En vain, le malheureux négociant s'agite, se tourmente, ses efforts viennent se briser contre une puissance qu'il ne peut atteindre. Quel est le négociant qui, ayant en Belgique un procès contre l'Etat, peut se flatter de l'avoir vu terminé en moins de deux années, et encore grâce à de pénibles labeurs et bien des protections? C'est que l'Etat juge une question qui l'intéresse particulièrement.

II

Que faut-il penser du Projet de Rachat des Chemins de Fer au point de vue économique?

Si, laissant de côté les résultats que la gestion de l'Etat fait infailliblement entrevoir au point de vue juridique, on se borne à étudier la question sur le terrain économique, appliquant les principes admis jusqu'à ce jour par les maîtres de cette science, on reste étonné en considérant les conséquences diamétralement opposées que soulèvent les conclusions de la Commission des 33 sur le rachat des chemins de fer.

La centralisation viendrait reprendre une place presque oubliée dans nos temps modernes, elle s'implanterait avec une nouvelle vigueur dans un Gouvernement démocratique! Est-ce possible? Pourquoi faire un pas en arrière et revenir à des théories surannées? Il est universellement admis et indiscutable que tout progrès dans la science économique consiste avant tout dans l'indépendance laissée à l'initiative privée, dans la plus grande somme de liberté donnée à chacun; par suite, dans la restriction des attributions de l'Etat. Changer le principe, c'est tomber dans un de ces cercles vicieux impossibles à franchir, qui vous retiennent malgré vous, au lieu de vous laisser suivre le courant du progrès.

L'Etat administrateur sera tout puissant. Où s'arrêtera son influence? Malheur à toute concurrence rivale qui voudra lutter contre le maître! Nécessairement, l'Etat tenant entre ses mains les fils nombreux de toutes les communications, tout venant se grouper autour de lui, il s'ingérera dans le commerce et l'industrie, et en deviendra le principal organisateur; par suite, la production elle-même subira son influence.

L'on verra en même temps toute une armée de fonctionnaires s'implanter sur notre territoire et attendre les ordres du chef. Cette phalange nouvelle, dans une lutte électorale, fournirait un gros appoint au Gouvernement. Le bureaucrate, le fonctionnaire doit avoir pour mot d'ordre l'obéissance. On tient à ménager celui qui dispose de votre destinée. L'exemple de tous les jours nous apprend le rôle important que joue le prestige de la richesse et de la puissance dans nos élections politiques.

Dans un pays comme le nôtre, on doit, il nous semble, chercher à garantir, d'une façon aussi absolue que possible, l'indépendance individuelle, éviter, par conséquent, de créer des ramifications trop nombreuses à ce centre qu'on nomme l'Etat.

De plus, dans le cas d'un changement de Gouvernement, n'y

aurait-il pas à craindre une désorganisation générale dans le service administratif des voies ferrées?

Il est d'usage dans presque toutes les Compagnies et dans de grandes maisons industrielles de créer, dans un but d'économie, des magasins spéciaux d'habillement, de subsistance de toute espèce, etc. L'Etat suivra naturellement cet exemple et du même coup, il deviendra commerçant dans toutes les branches de commerce.

On croit pouvoir se soustraire à ces dangers en disant : mais, l'Etat s'effacera en quelque sorte, il n'apparaîtra que pour maintenir l'ordre et l'homogénéité dans un système défectueux. L'Etat affermera.

Ici, nous tombons dans ce vieux système de fermage, fort goûté autrefois; le recrutement de l'armée, bien des impôts, etc., marchaient d'après cet ancien principe démodé. Qu'en advenait-il? Peu d'améliorations, pas de progrès. Tirer le plus de profit possible avec peu de dépense, telle était la maxime; l'Etat y gagnait un peu, les Compagnies fermières beaucoup; les particuliers y perdaient davantage. C'est qu'alors on avait éteint le progrès qui jaillit de la concentration de l'esprit sur ce qui peut procurer un avantage réel pour l'avenir, quelles que soient les dépenses de l'heure présente.

Les essais tentés de nos jours n'ont été guère plus heureux; nous n'en voulons pour exemple que le monopole des allumettes revendiqué par l'Etat et alloué à une Compagnie fermière.

Une indemnité considérable a dû être payée aux fabricants expropriés. Une hausse s'est aussitôt produite sur le prix des allumettes, et cependant la Compagnie s'est aventurée dans une affaire ruineuse. Les particuliers, au moins, sont-ils mieux servis? Hélas! non. La qualité de la marchandise a baissé en raison inverse de l'accroissement du prix. Et l'Etat lui-même est loin de retirer de sa spéculation un revenu aussi considérable que celui qui était échu aux fabricants.

C'est que les Compagnies, affermant pour un nombre d'années limitées, doivent proportionner ses sacrifices à la recette du moment; l'avenir ne leur appartenant pas, elles ne peuvent,

même pour un instant, renverser l'équilibre des gains et des débours. A quoi bon s'épuiser pour autrui et faire des améliorations dont on ne retirera pas un profit personnel? Et toute Compagnie fermière est trop intelligente pour ne pas être logique sur cette question d'intérêt.

Mieux vaudrait donc encore l'exploitation par l'Etat que le fermage. Entre deux dangers, il faut éviter le pire. Pourquoi, alors, ne pas maintenir l'état actuel des choses jusqu'à ce que, du moins, on trouve à innover sur des bases meilleures?

III

Au point de vue financier, doit-on admettre le Rachat des Chemins de Fer?

Le meilleur moyen de se renseigner sur une question aussi délicate est de poser des chiffres. Si, évaluant les débours probables, nous les rapprochons des recettes espérées, la conclusion logique sur ce point apparaîtra d'elle-même.

D'après les calculs faits par les partisans eux-mêmes du système que nous combattons, l'Etat devra payer pendant 77 ans pour le rachat de la ligne d'Orléans :

1º Une annuité de 80,000,000 francs (80 millions);

2º Un capital de 68,000,000 francs (68 millions) à payer comptant, ou du moins les intérêts de ce capital;

3º Une autre annuité de 5,000,000 (5 millions), soit environ une annuité de 85 à 90 millions.

Le produit net de la ligne étant de 81,500,000 fr., il y aurait chaque année un déficit considérable qu'il est impossible d'ores et déjà d'apprécier d'une façon exacte, mais que l'on ne peut manquer d'entrevoir.

En admettant ces bases, on peut dire d'une façon approximative que le rachat complet des 25,000 kil. de voies ferrées, existant en France, coûteront de 10 à 11 milliards. Chiffre effrayant, mêlé aux complications nombreuses qu'entraînent un règlement aussi difficile, basé sur les lieux, sur les dépenses et les sacrifices faits, sur les recettes de la dernière année, sur l'estimation du matériel, etc., etc.

Si encore c'était tout ; mais hélas !.........

Il ne suffit pas d'envisager les recettes brutes et de dire : elles se maintiennent ; il faut encore considérer les recettes nettes.

Les rapports publiés par les Compagnies constatent, et cela n'est ignoré de personne, l'enchérissement journalier de la main d'œuvre, des choses nécessaires à la subsistance, etc. ; or, étant donnée cette marche toujours croissante des débours, des frais d'exploitation, il faudrait nécessairement une augmentation proportionnelle des recettes brutes.

Mais, ce n'est ni dans la hausse constante des salaires, ni dans l'abaissement des tarifs promis par l'Etat, que l'on peut espérer l'accroissement des bénéfices. Alors, qu'importe ! Que les recettes brutes conservent leur *statu quo* normal si les dépenses augmentent. La recette nette décroîtra sensiblement.

Et ce n'est pas l'Administration nouvelle de l'Etat avec sa filière d'employés qui pourra la relever, il faut l'intelligente direction des Compagnies, rompues dans la pratique administrative et mues aussi par l'intérêt personnel.

IV

Le système actuel offre-t-il à l'Etat des garanties insuffisantes ?

Loin de là ! Et la constatation en est facile :

1º En temps de guerre, l'Etat a pleine autorité sur toutes les lignes qui peuvent lui être utiles, soit pour le transport des munitions, du matériel, des troupes, etc.

Il a même le pouvoir de destruction, lorsqu'il craint qu'une ligne ne profite à l'ennemi.

2º En temps de paix, des concessions nombreuses lui ont été faites pour le transport des militaires, des postes, des agents des contributions directes et indirectes, des tabacs, etc., etc.

Parfois, on a créé pour lui un tarif infime, exceptionnel ; parfois, on l'a même supprimé.

Bien plus, une nouvelle ligne gênerait-elle au point de vue stratégique, au point de vue de la défense, il faut obtenir l'adhésion du Gouvernement ; c'est à lui de décider si la construction doit se faire sur la rive droite ou sur la rive gauche d'un fleuve ; si la ligne doit se dissimuler dans les replis de terrain ou les contourner. Bref, il a un droit absolu d'approbation et de contrôle.

3° Au point de vue des tarifs, l'Etat possède le droit d'homologation.

C'est devant le Ministre que se font entendre les réclamations ; c'est devant le Ministre que les Compagnies ont à justifier les bases des tarifs qu'elles ont posés. Les projets doivent même être soumis aux Préfets départementaux et aux Inspecteurs généraux des chemins de fer. Les Préfets eux-mêmes, en vertu d'une circulaire ministérielle du 13 février 1862, sont tenus de communiquer les changements projetés dans les tarifs aux Chambres de commerce de leur ressort. Enfin, par une nouvelle circulaire, en date du 29 juillet 1880, on a prescrit la publication, par les soins du Ministre des travaux publics, d'un bulletin hebdomadaire, dans lequel doivent figurer toutes les propositions de tarifs, soumises à son homologation, et un exemplaire de ce bulletin doit être adressé gratuitement à chacune des Chambres de commerce et des Chambres consultatives des arts et manufactures.

De plus, les Compagnies doivent porter, par des affiches, leurs nouveaux tarifs à la connaissance du public.

L'Etat directement, les particuliers indirectement par les réclamations adressées au Ministre ont, par conséquent, des garanties suffisantes sur la tarification des Compagnies.

Les choses marcheront-elles mieux lorsque l'Etat créera et homologuera ses tarifs lui-même, sans contrôle, sans observations, en vue de sa seule puissance ?

4° Les garanties pécuniaires de l'Etat ne sont pas moindres.

Grâce aux concessions que nous avons déjà indiquées, l'Etat fait une économie, évaluée à 73,000,000 francs environ. De plus, 158,000,000 francs d'impôts pèsent sur les Compagnies.

Le jour où l'Etat voudrait se substituer aux grandes Compagnies, ce serait un déficit net de 231,000,000 francs qu'il faudrait d'ores et déjà combler. Or, ce chiffre exorbitant l'Etat le perçoit sans risques et périls, puisqu'il a comme gage de sa créance, comme garantie des prêts qu'il a pu faire lui-même le matériel tout entier des compagnies.

Assurément, on ne saurait avoir plus de sécurité.

V

L'Etat fera-t-il mieux que les Compagnies actuelles?

Afin de pouvoir augurer favorablement de l'exploitation des chemins de fer par l'Etat, il faudrait, nous l'avons déjà dit, des données; ces données, on les cherche en vain; bien au contraire, celles qu'on relève sont la condamnation de ce système.

Les réseaux de chemin de fer, tels qu'ils sont constitués aujourd'hui, ne se sont pas formés en un jour; on a marché par tâtonnements, par des essais, par des expériences. — Les lignes de Chartres et de Lyon en 1849 et 1851 ont prouvé que l'administration de l'Etat ne pouvait valoir celle des Compagnies.

La loi du 18 mai 1878 nous a fourni une nouvelle source de constatations ; l'exploitation de la ligne des Charentes par l'Etat a été infructueuse, malheureuse même.

Nous n'avons pas la prétention, toutefois, de dire que l'Etat ait eu tort de s'ingérer dans cette affaire. — Nous sommes loin de blâmer la loi de 1878. — Nous la croyons, au contraire, sage et raisonnable. — Mais, cette loi a été adoptée comme une mesure *urgente* et *provisoire*, comme un remède nécessaire à un état de choses qui eût pu entraîner les plus funestes conséquences.

La Compagnie des Charentes, dont le réseau s'accordait mal, resserrée par une Compagnie puissante, s'écroulait dans une exploitation infructueuse; il fallait éviter une crise au commerce, sauver des voies de communications sur le point de se perdre, continuer sans interruption un service trop lourd pour des particuliers; et l'Etat rachetant a rendu un service au commerce et à l'industrie qui allaient se trouver en détresse.

Mais, en demandant le rachat, le Gouvernement se prononçait en ces termes devant la Chambre des députés :

« Nous n'entendons pas vous proposer de faire l'exploitation par l'Etat, c'est tout provisoirement, par mesure transitoire, pour ne pas laisser des services en souffrance..... »

Le but de la gestion de l'Etat était donc facile à comprendre, il se sacrifiait dans l'intérêt public.

C'était un véritable sacrifice, en effet, car l'exploitation de l'Etat, malgré l'*augmentation des tarifs*, a été, sinon plus maladroite, du moins plus malheureuse que celle de la Compagnie. — L'Etat, après deux années d'exploitation, a pu constater sur ses registres un regrettable déficit.

Il fallait cependant un nouveau remède à cet état de choses de plus en plus fâcheux ; on a cru le trouver dans le rachat d'une partie du réseau du littoral ouest de la Compagnie d'Orléans. — Une convention a été passée entre cette Compagnie et l'Etat; on en a demandé l'homologation à la Chambre des députés, le 10 février 1880.

Nous ne pouvons encore qu'approuver ce projet, si, toutefois, il est créé lui-même à *titre provisoire*, afin de permettre à l'Etat de se défaire ensuite d'un réseau homogène, formant un tout complet, à des conditions plus avantageuses.

Le rachat d'une partie de la ligne d'Orléans donnera une vitalité sérieuse à des réseaux épars et disloqués, trop faibles pour se maintenir seuls, en présence des difficultés et des frais énormes qu'ils occasionnent.

Mais la Commission, nommée par la Chambre pour étudier ce projet, a créé, à son tour, un contre-projet, décidant le rachat tout entier de la ligne d'Orléans. — Or, admettre ces conclusions, avec les motifs qui les accompagnent, c'est nécessairement, logiquement, approuver le rachat entier de toutes nos voies ferrées.

Sans doute la Commission aura perdu de vue, et les traités passés par l'Etat, et les déclarations du Gouvernement en 1878, et les essais malheureux faits jusqu'à ce jour.

Que pourra faire l'Etat à la tête de ce réseau immense, qui entraînera les labeurs les plus extraordinaires, qui suscitera les complications les plus incroyables?

N'est-ce pas aller au-devant du désordre et de la perturbation? — Quel sera le grand directeur, le grand organisateur de cette vaste entreprise?

Les Compagnies les plus expérimentées ne parviennent qu'à force de travail, d'ordre et d'intelligence, à maintenir ou à faire fructifier un réseau de 4 à 5,000 kilomètres au plus. — Que pourra faire l'Etat à la tête de plus de 25,000 kilomètres de voies ferrées? — Et bien plus, si on exécute le gigantesque projet de M. de Freycinet, qui viendrait encore nous doter de 20,000 kilomètres?

VI

L'exploitation par l'Etat procurera-t-elle un abaissement des tarifs?

L'affirmative semble vraiment impossible. L'Etat aura fait des sacrifices énormes pour le rachat ; sa dette sera grevée d'un passif d'une dizaine de milliards de plus, son administration, nous croyons l'avoir démontré, sera plus coûteuse, et on diminuerait les tarifs? Mais n'est-ce pas contraire à toute logique?

D'après un rapport d'un ingénieur distingué, M. Level, le prix moyen de la tonne kilométrique est de 0,06 centimes ; or; une diminution de 0,01 centime seulement réduirait les recettes de la petite vitesse de 80 millions.

Comment combler ce déficit énorme à moins que l'on ne retombe sur les contribuables par une aggravation d'impôts ?

Il est vrai que l'on pourrait encore dans les tarifs différentiels, par exemple, établis dans une proportion décroissante par rapport aux distances kilométriques, diminuer la limite maximum du tarif et la maintenir sans diminution progressive; ce serait ainsi un abaissement fictif que l'on pourrait jeter sous les yeux des naïfs.

Non, l'Etat ne peut pas et ne voudrait pas, le pourrait-il, abaisser les tarifs. C'est un leurre que nous présentent les partisans du système opposé.

D'ailleurs, si c'est dans ce seul but que l'Etat réclame pour lui la direction souveraine, pourquoi tant de détours et de complications inutiles?

Qu'il diminue les impôts qui pèsent sur les Compagnies de 50 ou de 25 p. % et l'on baissera les tarifs!

L'Etat perçoit, pour les transports à grande vitesse des voyageurs et des marchandises, un droit de 23 p. %. Qu'il le supprime!

Pour les transports à petite vitesse, il existe un certain récépissé de 70 centimes qui grève, sur les bases de 10 p. %, les transports qui dépassent 7 francs. Qu'il y renonce!

Après les désastres de 1870-71, l'Assemblée Nationale doublait l'impôt sur la grande vitesse et en créait un autre de 5 p. % sur la petite vitesse.

Qu'eût fait l'Etat, maître des tarifs?

Les Compagnies seules, par une prudente et sage administration, peuvent arriver au résultat si réclamé par l'opinion publique. Seules, elles peuvent sauvegarder d'une façon complète les intérêts des particuliers.

VII

Que faut-il penser de la question au point de vue légal?

La question est délicate. Des traités existent entre les Compagnies et l'Etat. Comment devra-t-on appeler leur violation?

Sans doute, on peut les décorer du titre d'expropriation; mais est-ce là une véritable expropriation?

Le rachat se fera au nom de l'intérêt public; mais, sera-t-il bien dans l'intérêt public?

Nul dépouillement, même avec indemnité, ne peut se faire sans cette justification.

Or, est-il prouvé que l'utilité publique est en jeu?

Les concessions des voies ferrées ont été faites aux Compagnies pour 99 ans.

De quel droit viendrait-on briser aujourd'hui des engagements solennellement contractés?

Que l'Etat attende la limite de la concession, et on verra alors si son exploitation est opportune et favorable pour ses intérêts.

En attendant, le respect des conventions est la première des lois à laquelle un Gouvernement qui se respecte doit se soumettre.

VIII

Comparaison générale entre l'exploitation de l'Etat et l'exploitation des Compagnies

Si en terminant nous jetons un coup-d'œil dans les pays où l'Etat lutte concurremment avec des Compagnies, nous sommes encore forcés d'avouer que cette comparaison est loin de lui être favorable.

En 1879, le coefficient d'exploitation en France est de :

Etat	81 18	%
Compagnies	47 00	»

En pays étrangers :

Prusse	Etat	74 53	%
	Compagnies	66 40	»
Allemagne	Etat	66 30	»
	Compagnies	58 18	»
Belgique	Etat	67 13	»
	Compagnies	56 49	»
Danemark	Etat	67 03	»
	Compagnies	56 49	»

Il est donc certain et indiscutable que l'Etat exploite à plus de frais que l'industrie privée.

Pour les divers motifs que nous avons énumérés et qui nous ont été inspirés en partie par les rapports des Chambres de commerce de Bordeaux, de Lyon, d'Orléans, de Nancy, etc., etc. par la Presse dans ses organes les plus accrédités, nous osons espérer, Monsieur le Ministre, que notre modeste travail contribuera à l'adoption du projet que vous avez soumis à l'approbation de la Chambre des députés.

Nous concluons par conséquent :

1o Au rejet pur et simple du contre-projet de la Commission sur le rachat du réseau entier d'Orléans ;

2o A l'adoption du projet de rachat d'une partie seulement du chemin de fer d'Orléans pour l'adjoindre à celui des Charentes ; mais à la condition *expresse* que cette exploitation par l'Etat n'aura lieu qu'à titre *provisoire*, ainsi que cela a déjà été convenu en 1878 pour la ligne des Charentes.

3o A l'abaissement et à la simplification des tarifs, ainsi qu'à la répression des abus nombreux que commettent les Compagnies et dont se plaint à juste titre le commerce.

L'Etat, (nous l'avons démontré plus haut) s'est réservé par les traités passés avec les Compagnies un droit de contrôle puissant sur la tarification et le service intérieur des chemins de fer ; — mais, soit entente, soit négligence ou bonté excessive de l'Etat, les Compagnies ont su peu à peu usurper une influence et une autorité désastreuse pour les particuliers.

Aussi, tout en venant aujourd'hui protester contre le rachat de nos grands réseaux, nous réclamons une réforme complète dans le service des voies ferrées; nous voulons avant tout les Compagnies non telles qu'elles sont mais telles qu'elles devraient être, d'après les cahiers des charges, d'après la justice.

Veuillez agréer, Monsieur le Ministre, l'assurance de notre très-respectueuse considération,

Le Président du Tribunal de Commerce de Bayonne,

PROSPER CANITROT.